T0284423

SUN-TZU
Y JACK LAWSON

# EL ARTE
## DE LA
# GUERRA

para ejecutivos y directivos

EDICIONES OBELISCO

Si este libro le ha interesado y desea que le mantengamos informado
de nuestras publicaciones, escríbanos indicándonos qué temas son de su interés
(Astrología, Autoayuda, Ciencias Ocultas, Artes Marciales, Naturismo,
Espiritualidad, Tradición...) y gustosamente le complaceremos.

Puede consultar nuestro catálogo en www.edicionesobelisco.com

**Colección Éxito**
EL ARTE DE LA GUERRA PARA EJECUTIVOS Y DIRECTIVOS
*Sun-Tzu y Jack Lawson*

1.ª edición: octubre de 2003
14.ª edición: septiembre de 2024

Título original: *Bing-Fa*

Traducción: *José Manuel Pomares*
Maquetación: *Carol Briceño*
Diseño de cubierta: *Carol Briceño*

© 2003, 2024 Jack Lawson
(Reservados todos los derechos)
© 2003, Ediciones Obelisco, S. L.
(Reservados los derechos para la presente edición)

Edita: Ediciones Obelisco, S. L.
Collita, 23-25. Pol. Ind. Molí de la Bastida
08191 Rubí - Barcelona
Tel. 93 309 85 25
E-mail: info@edicionesobelisco.com

ISBN: 978-84-1172-185-1
DL B 14.772-2011

Impreso en los talleres gráficos de Romanyà/Valls, S. A.
Verdaguer, 1 - 08786 Capellades (Barcelona)

*Printed in Spain*

# Prólogo

*El arte de la guerra* se ha convertido en un libro de culto en el mundo de la empresa. Varias películas ambientadas en Wall Street han contribuido a popularizar este pequeño libro que nos propone unos principios tan válidos en el mundo de la estrategia militar como en el de los negocios o la política. En este sentido, es un libro terriblemente moderno a pesar de su antigüedad, que ayudará a reflexionar sobre cualquier tipo de problema y a plantear las estrategias necesarias para atacarlo.

Los trece artículos que lo componen constituyen el más antiguo de los tratados conocidos sobre esta materia. Su ambigüedad, que recuerda otros textos como el *Tao Te King* o el *I Ching*, si bien choca en numerosas ocasiones con la mentalidad occidental, permite que sus máximas se adapten a un amplio abanico de situaciones. Ello hace que no sea tanto un mero libro sobre la guerra, sino sobre todo un conjunto ordenado de reflexiones que nos ayudan a comprender las raíces de un conflicto y buscar una solución más ventajosa y que no siempre consiste en un enfrentamiento.

En la antigua China la guerra se consideraba como un asunto de caballeros y, por lo tanto, estaba regida por unos códigos aceptados por las dos partes en litigio.

*El arte de la guerra* es un libro aparentemente sencillo y fácil de comprender, pero no es exactamente así. La aparente simplicidad de sus propuestas encubre un sinnúmero de sentidos. Cuenta la tradición que un sabio llamado Li-Quan tuvo que leer mil veces el texto de Sun-Tzu hasta llegar a comprenderlo.

*El arte de la guerra* alcanzó una amplia difusión en China y la síntesis de sus enseñanzas impregnó a numerosos autores y se erigió como la regla principal de las artes marciales: la estrategia es superior a la violencia y la inteligencia mejor que la brutalidad. Se cuenta que Tzu-Lu, un destacado discípulo de Confucio, dialogaba un día con él a propósito de la guerra.

Tzu-Lu le preguntó: «Si estuvierais a la cabeza de los Tres Ejércitos, ¿qué tipo de hombre escogeríais como asistente?».

Se dice que Confucio le respondió: «Al hombre capaz de enfrentarse a un tigre, o a aquél capaz de arrojarse al agua sin preocuparse por su propia vida, a ese tipo de hombre nunca lo escogería. Con toda certeza me inclinaría por un hombre capaz de enfocar los obstáculos con la prudencia necesaria y que prefiera triunfar por medio de la estrategia».

*El arte de la guerra* fue difundido por Europa gracias a la traducción de Herbert Allen Giles (1845-1935), un diplomático inglés autor de una obra de referencia, *The Civilization of China*.

Su autor, el general Sun-Tzu (hay discusiones sobre si se trata de un personaje real o uno imaginario) vivió en China alrededor del siglo v a. C.

El más importante tratado japonés sobre la guerra, el famoso *Libro de los cinco anillos* de Mushashi se basa en muchos puntos en *El arte de la guerra* de Sun-Tzu ya que su autor lo estudió durante su formación como samurái.

Actualmente, muchas de las ideas que aparecen en *El arte de la guerra* han sido aplicadas a los negocios, el deporte, la diplomacia e incluso el desarrollo personal. Así, cuando Sun-Tzu nos habla de «enemigo» podemos leer «competencia» o cuando se refiere al «ejército» podemos pensar en «corporación» o «compañía». Sus principios estratégicos, lejos de haberse quedado anticuados, guardan una vigencia extraordinaria. Ninguna de sus enseñanzas ha quedado obsoleta, ni hay un solo consejo que no sea útil en la actualidad.

La leyenda sostiene que Sun-Tzu fue un gran experto en las artes marciales que llegó a la formulación de los preceptos que aparecen en este libro practicando la meditación. Éstos fueron compilados más tarde por otro general: Sun-Wu pero sólo fueron puestos por escrito por Sun-Pin, en la época de los Reinos Combatientes.

La esencia de la filosofía de Sun-Tzu sobre la guerra descansa en dos principios: la estrategia es superior a la violencia (El arte de la guerra se basa en el engaño. [I-18]) y la inteligencia mejor que la brutalidad (el supremo arte de la guerra es someter al enemigo sin luchar. [III-2]).

*El arte de la guerra* inspiró a políticos y hombres de estado Napoleón, Mao Tse-Tung y muchas más figuras históricas. Actualmente se estudia en escuelas de negocios aplicándolo al mundo de la empresa y de la diplomacia.

*El arte de la guerra* tiene muy en cuenta tres cuestiones: el terreno, el enemigo y el clima.

La selección del terreno o campo de batalla es de vital importancia para Sun-Tzu, que afirmaba que cuando conocemos el terreno y el clima, la victoria será total. El terreno es el mercado en el que competimos con nuestros «enemigos», y el clima es el entorno en el que se desarrolla dicha competencia. El terreno Mortal, por ejemplo, es un mercado donde la vida de la empresa está en peligro. Hay seis tipos de terreno:

1. *Tong:* Se refiere a aquellos terrenos que podemos atravesar con la misma facilidad que nuestros adversarios. Transcribiéndolo al mundo de los negocios, el terreno es el mercado. Si seguimos los consejos de Sun-Tzu, tenemos que buscar «un lugar elevado», «con una amplia visión» en los mercados en los que deseamos operar. También hemos de tener presente que debemos «mantener siempre protegidas las vías de aprovisionamiento», es decir, tener contratos con nuestros proveedores que nos aseguren tanto las materias primas como todo lo que podamos necesitar en el negocio.

2. *Gua:* Se refiere a aquellas situaciones, altamente arriesgadas en las que nuestra única posibilidad de éxito consiste en «huir hacia delante». Aquí Sun-Tzu nos aconseja muy explícitamente la

discreción. Nuestros competidores (Sun-Tzu los llama «adversarios») no deben saber que no podemos volver hacia atrás.

3. *Zhi:* Indica una situación en la que no tenemos ninguna ventaja sobre nuestros competidores, pero en la que ellos tampoco nos superan. En una situación así son importantes dos actitudes: la **humildad** y la **astucia**. No hemos de mostrarnos triunfalistas, sino más bien adoptar una actitud humilde a fin de despistar a la competencia, y no hemos de pasar al ataque hasta que la competencia baje las defensas.

4. *Ai:* Llamado «el terreno estrecho», alude a una posición de liderazgo que debemos tomar antes de que lo hagan nuestros competidores (el enemigo). Desde esta posición nos defenderemos mejor de su competencia. Pero si el que la ocupa es él, hemos de evitar cualquier acción agresiva, buscar nichos en los que podamos estar más fuertes que ellos y esperar tiempos mejores.

5. *Xian:* Llamado «el terreno escarpado» o las alturas escarpadas, se refiere a una posición líder en la que únicamente hemos de vigilar los pasos de nuestros competidores a fin de que no nos cojan desprevenidos. Si es nuestro enemigo el que goza de esta posición, deberemos ser prudentes y no atacar. Conviene estar al acecho y tener paciencia.

6. *Yuan:* Se refiere a una situación que se da pocas veces en la realidad empresarial: nosotros y

nuestro competidor estamos «empatados»: contamos con los mismos recursos y tenemos la misma fuerza. Hay pocos mercados donde nuestra compañía y nuestros competidores tengamos una situación de dominio uniforme. Cuando ocurre algo que se le parece, nos hallamos en una situación en la que es más conveniente pactar o fusionarnos que competir despiadadamente, pues una guerra de precios nos debilitaría y no nos beneficiaría a ninguno de los dos.

El enemigo no es siempre, como creemos en Occidente, alguien exterior que se opone a nosotros. El enemigo puede ser, por paradójico que parezca, nuestros productos y el campo de batalla puede ser el mercado en el que operamos o queremos operar.

«Aquel que llegue segundo al campo de batalla» es nuestro competidor que, incapaz de desarrollar sus propios productos, acabará imitándonos; de ahí la importancia de adelantarse y de innovar porque como dice el refrán, «el que pega primero, pega dos veces».

El clima es el entorno en el que se desarrollan nuestras actividades, así como el momento en el que emprendemos una acción concreta.

## Las condiciones de la victoria

En el libro III, Sun-Tzu nos enseña que hay 5 condiciones esenciales para la victoria. Toda la cosmología china se basa en el número 5, pues todo está compuesto por los 5 elementos.

*La primera condición*, que Sun-Tzu resume como «Ganará aquel que sepa cuándo luchar y cuándo no luchar», se refiere, obviamente, a la elección del momento oportuno. Para triunfar no sólo hay que escoger en qué batallas entrar, sino también el momento idóneo para hacerlo o no hacerlo. El mero hecho de escoger el momento más adecuado otorga ya una ventaja de entrada y proporciona un cierto control de la situación. En un enfrentamiento contra un competidor más potente podemos atacar en un mercado reducido durante un período breve simplemente para obtener información sobre él y sobre los clientes potenciales. Asimismo, una pequeña derrota planificada y calculada que no nos cueste demasiado le dará a nuestro competidor una imagen de debilidad por nuestra parte, lo cual lo hará confiado y, en cualquier caso, nos proporcionará importantes informaciones sobre las reacciones de nuestro competidor.

*La segunda condición*, «Ganará aquel que sepa cómo manejar fuerzas tanto superiores como inferiores», nos enseña que hemos de saber escoger la estrategia más adecuada en función del tamaño y el poder de nuestros competidores. Ante un adversario más potente que nosotros, es preciso ponerse a la defensiva, pero con un adversario más débil podemos atacar. Aun así no hay que subestimar nunca al enemigo.

*La tercera condición*, «Ganará aquel cuyo ejército esté animado por el mismo espíritu en todas sus filas», nos enseña la importancia de la concentración y el peligro de la dispersión. Para lograr cualquier fin, se ha dicho, sólo hace falta visión, perseverancia y tiempo. Que «todo el ejército esté animado por el mismo espíritu» significa que en nuestra compañía todos los departamentos actúan de un modo coordinado y enfocado en el objetivo a conseguir.

El «factor sorpresa» es esencial, como nos hace ver *la cuarta condición*: «Ganará aquel que, habiéndose preparado, espere a pillar por sorpresa al enemigo». Pero de nada sirve sorprender al enemigo si no nos hemos preparado adecuadamente. Cuanto mejor conozcamos nuestro negocio, cuanto más sepamos de nuestra competencia y del mercado en el que nos encontramos, más fácil nos será anticiparnos a los movimientos de la competencia y trazar las estrategias que nos harán vencer. Por eso Sun-Tzu insiste en que «si conoces bien al enemigo y te conoces bien a ti mismo, no tienes por qué temer el resultado de cien batallas».

*La quinta condición*, «Ganará aquel que posea capacidad militar y cuyas acciones no se vean interferidas por las del soberano», nos está diciendo que una vez fijado un objetivo y atribuida una autoridad o una responsabilidad, nadie, ni siquiera el presidente de la compañía, debería interferir en la ejecución del plan.

## Las enseñanzas esenciales de *El arte de la guerra*

❖ Evita el combate que no puedas ganar. Cualquier enfrentamiento supone esfuerzo y posibilidad de ser vencido. Evitándolo nos lo ahorramos.

❖ Si quieres estar seguro de ganar, ataca allí donde no haya defensa.

- ❖ El que gana un combate es fuerte, pero el que vence antes de combatir es poderoso.
- ❖ La mayor victoria: vencer sin combatir.
- ❖ Lo que favorece al enemigo nos perjudica a nosotros, y lo que nos favorece a nosotros perjudica al enemigo.
- ❖ El principal objetivo de *El arte de la guerra* es lograr la victoria, no el mantener costosas campañas prolongadas.
- ❖ La excelencia suprema consiste en quebrar la resistencia del enemigo sin luchar.
- ❖ Conquistará aquel que haya aprendido el artificio del engaño. Ése es el arte de la maniobra táctica.

*El arte de la guerra* es un libro para leer y releer. Es una obra de consulta para meditar y buscar ideas, y sobre todo para interpretar aplicando sus enseñanzas a las situaciones concretas en las que nos hallemos.

Antes de emprender ninguna acción comercial conviene trazar una estrategia viable y eficaz. La unión hace la fuerza, la guerra debilita a todo el mundo. Antes de lanzarse a una guerra contra nuestros competidores vale la pena estudiar si nos conviene más una *joint-venture* o una asociación en forma de consorcio, por ejemplo. El libro de Sun-Tzu nos ayudará a hacerlo.

# I. Trazar planes

**1.** Sun-Tzu dijo: El arte de la guerra[1] es de vital importancia para el Estado.[2]

**2.** Es una cuestión de vida y muerte,[3] un camino que conduce a la seguridad o a la ruina.[4] De ahí que sea objeto de una indagación que de ningún modo puede ser descuidada.[5]

**3.** El arte de la guerra, pues, está gobernado por cinco factores constantes, que hay que tener en cuenta en las deliberaciones, cuando se trate de determinar las condiciones imperantes en el campo.

**4.** Esos factores son:

❖ la ley moral[6]

---

1. La estrategia, la planificación, la racionalización de los procesos y las actividades.
2. La compañía, la empresa, el negocio.
3. De permanecer en el mercado o de desaparecer barrido por nuestros competidores.
4. El comentador Yia-Lin escribe: «Hay un camino de supervivencia que fortalece, pero hay uno de destrucción que empuja al olvido».
5. La planificación cuidadosa y la estrategia a la hora de emprender nuevos proyectos.
6. Tao, el sendero. La motivación, que hace que empleados y colaboradores sean fieles más allá de lo previsible. Es aquello que hace que estén en armonía con los principios y objetivos de la empresa.

❖ el cielo[7]

❖ la tierra[8]

❖ el comandante[9]

❖ el método y la disciplina.[10]

**5, 6.** La ley moral hace que la gente esté completamente de acuerdo con su gobernante, de modo que lo seguirán con desprecio de sus vidas, sin desmayo y ante cualquier peligro.

**7.** El cielo significa noche y día, con frío y calor, en todos los tiempos y estaciones.

**8.** La tierra abarca las distancias, grandes y pequeñas, en el peligro y en la seguridad, en terreno abierto y en pasos estrechos, en lo que depare la vida y en la muerte.

**9.** El comandante representa las virtudes de la sabiduría, la sinceridad, la benevolencia, el valor y el rigor.[11]

---

7. *Tien*, el cielo. Las circunstancias que no dependen de nosotros, tanto las oportunidades de éxito como las de fracaso.

8. *Di*, la Tierra. Las situaciones concretas, «las características del terreno».

9. *Jiang*, el comandante. Los principios que rigen la compañía, encarnados en sus directivos y dirigentes. Sus características han de ser: *zhi*, talento; *xin*, ecuanimidad; *ren*, benevolencia; *yong*, coraje y *yan*, disciplina.

10. *Fa*, la ley. La preparación no sólo de los directivos, sino de todo el personal y en particular la organización perfecta de todas las actividades.

11. El directivo ideal debería encarnar estas cualidades.

10. Por método y disciplina se entiende la formación del ejército en sus correspondientes subdivisiones, las graduaciones de rango entre los oficiales, el mantenimiento de las carreteras por las que llegan los suministros al ejército y el control del gasto militar.

11. Todo general debe estar familiarizado con estas cinco secciones; aquel que las conozca alcanzará la victoria y no fracasará.

12. Por eso, en tus deliberaciones, cuando trates de determinar la situación militar[12] deja que sean ellas las que formen la base de una comparación, de este modo:

13. ¿Cuál de los dos soberanos está imbuido con la ley moral?

14. Por medio de estas siete consideraciones, puedo predecir la victoria o la derrota.

  I. ¿Qué dirigente es más sabio y capaz y de parte de cuál está el Tao?

  II. ¿Qué comandante posee el mayor talento?

  III. ¿Qué ejército obtiene ventajas de la naturaleza y el terreno?

  IV. ¿En qué ejército se observan mejor los reglamentos y las instrucciones?

  V. ¿Qué tropas son más fuertes y están mejor equipadas?

---

12. Para analizar una situación determinada de un modo holístico, es necesario tener en cuenta estas cinco condiciones.

VI. ¿Qué ejército tiene oficiales y tropas mejor entrenados?

VII. ¿Qué ejército administra recompensas y castigos de forma más seria y justa?

**15.** El general que escucha mi consejo y actúa en consonancia, conquistará: ¡deja que sea él quien conserve el mando! El general que no escuche mi consejo ni actúe de acuerdo con él, sufrirá la derrota: ¡destitúyelo!

**16.** Al aceptar el beneficio de mi consejo, aprovecha también cualquier circunstancia útil que se presente, incluso más allá de las reglas ordinarias.[13]

**17.** Se deberían modificar los planes de acuerdo con las circunstancias, cuando éstas sean favorables.[14]

**18.** Todo el arte de la guerra se basa en el engaño.

**19.** De ahí que, cuando podamos atacar, debemos parecer incapaces; cuando utilicemos nuestras fuerzas, debemos parecer inactivos; cuando estemos cerca, tenemos que hacer creer al

---

13. Hay que estar abierto y atento a todas las posibilidades que puedan aparecer, incluso si no estaban previstas, hasta el punto de modificar los planes si la situación así lo aconseja.

14. Esta es quizá la máxima más importante del libro de Sun-Tzu. Como en una partida de cartas, no hay que dar a conocer nuestro juego al enemigo y parecer más débiles de lo que realmente somos servirá para infundirle confianza y debilitarlo. Desconcertarle a veces equivale a paralizarle.

enemigo que nos hallamos lejos; cuando estamos lejos, tenemos que hacerle creer que nos hallamos cerca.

20. Mostremos nuestros cebos para atraer al enemigo. Finjamos desorden y aplastémoslo.

21. Si el enemigo está seguro en todos los puntos, prepárate para su ataque. Si tiene una fuerza superior, evítalo.

22. Si tu oponente posee un temperamento colérico, procura irritarlo. Finge ser débil, para que se vuelva arrogante.[15]

23. Si se toma las cosas con tranquilidad, no le des tregua. Si sus fuerzas están unidas, sepáralas.

24. Atácalo allí donde no esté preparado,[16] aparece allí donde no te espere.

25. Estas estratagemas militares, que conducen a la victoria, no se deben divulgar de antemano.

26. Ahora, el general que gana una batalla hace muchos cálculos en su tienda antes de librar la batalla.

---

15. Hacer que el enemigo pierda los estribos es una táctica tan antigua como el mundo. Si logramos enfurecerlo perderá coordinación, se volverá impetuoso y olvidará sus estrategias.
16. Hay que conocer los puntos débiles de la competencia y atacarlos precisamente ahí.

# II. Hacer la guerra

1. Sun-Tzu dijo: en las operaciones de guerra, cuando se dispone sobre el terreno de mil carros rápidos, otros tantos carros pesados y cien mil soldados vestidos con cota de malla, con vituallas suficientes para avanzar mil *li*, el gasto en el hogar y en el frente, incluida la diversión para los invitados y pequeñas partidas como pegamento y pintura y las sumas gastadas en los carros y las armaduras, ascenderán a un total de mil onzas de plata al día. Ése es el coste de crear un ejército de cien mil hombres.

2. Cuando te lances a la verdadera lucha, si la victoria tardase en llegar, las armas de los hombres perderán su filo y su ardor se amortiguará. Si pones sitio a una ciudad, agotarás su fortaleza.[1]

3. Una vez más, si se retrasa la campaña, se pondrán a prueba los recursos del Estado.

4. Cuando tus armas hayan perdido su filo, tu ardor se haya amortiguado, tu fortaleza se haya agotado y tu tesoro se haya gastado, surgirán

---

1. Una victoria rápida es el principal objetivo de la guerra. Si las cosas se eternizan habrá desgaste moral y material. Hay que tener en cuenta el tiempo como si fuera dinero. Siempre habrá quien se aprovechará de los retrasos para pisarte y subir encima de ti.

otros jefes para aprovecharse de tu apurada situación. Entonces, nadie, por sabio que sea, podrá impedir las consecuencias que de ello se derivarán.

5. Así pues, aunque hemos oído hablar de una estúpida precipitación en la guerra, nunca se ha visto la inteligencia asociada con prolongados retrasos.

6. No ha habido un solo caso de un país que se haya beneficiado de una prolongada guerra.[2]

7. Únicamente aquel que está meticulosamente familiarizado con los males de la guerra, es capaz de comprender meticulosamente la forma más provechosa de llevarla a cabo.

8. El soldado habilidoso no tiene necesidad de hacer una segunda leva, ni de cargar dos veces sus carros de avituallamiento.

9. Lleva contigo el material de guerra desde el hogar, pero forrajea en terreno enemigo.[3] Así,

---

2. Una campaña que suponga, por ejemplo, *dumping* o una guerra de precios no puede mantenerse durante mucho tiempo, pues no sólo debilita a los competidores, sobre todo debilita a la propia compañía. Algunos competidores que sepan aprovecharse de la situación pueden incluso salir beneficiados. Un clásico chino, *Los anales de la primavera y el otoño* nos recuerda que «la guerra es como el fuego: si no te apartas de él acabará quemándote».

3. Hay que saber distinguir entre lo que es imprescindible y lo que se puede adquirir sobre la marcha. Más adelante, Sun-Tzu nos dirá que «un general sabio procura forrajear en terreno del enemigo». Otra cuestión a considerar es el precio del transporte que se puede ahorrar

el ejército dispondrá de alimentos suficientes para cubrir sus necesidades.

10. La pobreza de la hacienda del Estado hace que un ejército se tenga que mantener con contribuciones obtenidas a distancia. Contribuir a mantener un ejército a distancia hace que la gente se empobrezca.

11. Por otro lado, la proximidad de un ejército hace que aumenten los precios y los precios altos agotan la sustancia de la gente.[4]

12. Una vez agotada su sustancia, el campesinado se verá afligido por graves exacciones.

13, 14. Con esta pérdida de sustancia y este agotamiento de la fortaleza, los hogares de la gente se quedarán vacíos y se disiparán las tres décimas partes de sus ingresos; mientras tanto, los gastos del gobierno causados por carros rotos, caballos agotados, petos y cascos, arcos y flechas, lanzas y escudos, mallas protectoras, bueyes de tiraje y carros pesados ascenderán a cuatro décimas partes de sus ingresos totales.

---

adquiriendo las cosas sobre la marcha. El comentarista Li-Quan dijo que «si tienes armas propias y le puedes quitar las provisiones al enemigo, nada te faltará aunque la lucha se desarrolle lejos».

4. Cuando una importante compañía se instala en una población, hace que suban los precios no sólo de los bienes raíces, sino también de la comida e incluso de los servicios.

**15.** De ahí que un general sabio procura forrajear en terreno del enemigo. Un carromato de provisiones del enemigo equivale veinte de los propios y, del mismo modo, un solo *picul* de sus provisiones equivale a veinte de los del propio almacén.

**16.** Por ello, en una lucha entre carros, cuando se hayan tomado diez o más carros, se debe recompensar a quienes tomaron el primero. Nuestras propias banderas deben ser sustituidas por las del enemigo y los carros se deben mezclar y usar en conjunción con los nuestros. Los soldados prisioneros deben ser bien tratados y protegidos.

**18.** De esto se dice que es utilizar al enemigo conquistado para aumentar la propia fortaleza.[5]

**19.** En la guerra, pues, que tu principal objetivo sea la victoria, no campañas prolongadas.

**20.** Así, puede llegar a saberse que el jefe de los ejércitos es el árbitro del destino del pueblo, el hombre de quien depende que la nación viva en paz o en peligro.

---

5. Tras una opa o una adquisición hay que analizar cuidadosamente todos los elementos de la empresa absorbida que pueden aprovecharse. Dicho de otro modo, solamente hay que enfrentarse con un competidor cuando estemos seguros de que sacaremos algún provecho. Se trata de ganar cuota de mercado y hacernos más fuertes, no de perjudicar a nadie. El comentarista clásico Jo-Yanxi decía que «si usas a tu enemigo para derrotar a tu enemigo, serás fuerte donde vayas».

# III. Estratagemas

**1.** Sun-Tzu dijo: en el arte práctico de la guerra, lo mejor de todo es apoderarse del país del enemigo, completo e intacto; destrozarlo y destruirlo no es tan bueno. Así, también es mejor capturar a un ejército que destruirlo, capturar a un regimiento, destacamento o compañía en lugar de destruirlos.[1]

**2.** Por ello, luchar y vencer en todas tus batallas no es la excelencia suprema; la excelencia suprema consiste someter al enemigo sin luchar.

**3.** Así, la forma superior de generalato es impedir los planes del enemigo; la siguiente mejor es evitar la unión de las fuerzas del enemigo; la siguiente es atacar al ejército del enemigo en el campo y la peor política de todas es la de asediar ciudades amuralladas.

**4.** La regla es: no asediar ciudades amuralladas si eso se puede evitar.[2] La preparación de mantele-

---

1. Teniendo en cuenta que si vamos a ganar la batalla nos quedaremos con todos los bienes del enemigo, es absurdo destruirlos o dañarlos. El comentarista clásico Jo-Yanxi decía que «la mejor política consiste en utilizar la estrategia y las influencias para convencer al enemigo para que se rinda».
2. Si no tenemos por dónde atacar a nuestra competencia, es mejor no hacerlo.

tes, refugios móviles y las diversas herramientas de la guerra ocuparán hasta tres meses enteros.

5. El general incapaz de controlar su irritación,[3] lanzará a sus hombres al asalto como un enjambre de hormigas, con el resultado de que una tercera parte de sus hombres serán destrozados, mientras que la ciudad se mantiene incólume. Éstos son los efectos desastrosos de un asedio.

6. Por ello, el jefe habilidoso somete a las tropas del enemigo sin luchar,[4] se apodera de sus ciudades sin asediarlas, derriba su reino sin prolongadas operaciones en el campo.

7. Con sus fuerzas intactas, disputará el dominio del imperio y así, sin perder un solo hombre, su triunfo será completo. Éste es el método de atacar con estratagema.

8. Es una regla de la guerra que si nuestras fuerzas superan a las del enemigo en una proporción de diez a uno, hay que rodearlo; si lo superan en una proporción de cinco a uno, hay que atacarlo; si son el doble de numerosas, hay que dividir nuestro ejército en dos.

9. Si las fuerzas son equivalentes, podemos plantear batalla; si nuestro número es ligeramente

---

3. El directivo responsable ha de saber controlarse y controlar a sus subordinados y no lanzarlos irracionalmente o de un modo desorganizado a la batalla.

4. Supera a la competencia sin necesidad de combatir. Utiliza armas no agresivas como la inteligencia, la preparación y la planificación.

inferior, podemos evitar al enemigo; si nuestras fuerzas son muy desiguales en todos los sentidos, podemos huir.

10. De ahí que, aunque una fuerza pequeña pueda ofrecer una lucha obstinada, al final será capturada por una fuerza más grande.[5]

11. El general es el baluarte[6] del Estado. Si el baluarte está completo en todos los puntos, el Estado será fuerte; si el baluarte es defectuoso, el Estado será débil.

12. Hay tres formas mediante las que un gobernante puede provocar que la desgracia caiga sobre su ejército:

❖ Al ordenar al ejército que avance o retroceda, ignorando el hecho de que no puede obedecer. A eso se le llama hacer cojear al ejército.

❖ Al tratar de gobernar un ejército de la misma forma que administra un reino, ignorando las condiciones que reinan en un ejército. Eso provoca inquietud en las mentes de los soldados.

❖ Al emplear a los oficiales de su ejército sin discriminación, ignorando el principio militar de la

---

5. El pez chico no puede comerse al grande, sin embargo con astucia y coordinación puede intentar sacar ventaja del tamaño de sus competidores y de sus debilidades.

6. El directivo es el punto fuerte de la compañía. Si los ejecutivos fallan, la compañía se ve seriamente debilitada.

adaptación a las circunstancias. Eso hace flaquear la confianza de los soldados.[7]

**13.** Pero cuando el ejército está inquieto y no es digno de confianza, puedes estar seguro de que los otros príncipes feudales darán problemas. Eso invita a que la anarquía se difunda por el ejército[8] y aleja las posibilidades de victoria.

**14.** Así, sabemos que hay cinco condiciones esenciales para la victoria:

❖ Ganará aquel que sepa cuándo luchar y cuándo no luchar.[9]

❖ Ganará aquel que sepa cómo manejar fuerzas tanto superiores como inferiores.[10]

❖ Ganará aquel cuyo ejército esté animado por el mismo espíritu en todas sus filas.[11]

---

7. Utilizar a nuestros ejecutivos sin tener en cuenta sus características personales y las características de la misión que se les está encomendando mermará su entusiasmo y sus ganas de trabajar.

8. Obrando así, de algún modo estamos invitando a la competencia a que nos los quite.

9. Para triunfar no sólo hay que escoger en qué batallas entrar, sino también el momento idóneo para hacerlo o no hacerlo. El mero hecho de escoger el momento más adecuado otorga ya una ventaja de entrada y proporciona un cierto control de la situación.

10. Ante un adversario más potente que nosotros, es preciso ponerse a la defensiva, pero con un adversario más débil podemos atacar. Aún así no hay que subestimar nunca al enemigo. Hemos de escoger la estrategia más adecuada en función del tamaño y el poder de nuestros competidores.

11. Todos los departamentos deberían actuar de un modo coordinado y enfocado en los objetivos a conseguir.

❖ Ganará aquel que, habiéndose preparado, espere coger por sorpresa al enemigo.[12]

❖ Ganará aquel que posea capacidad militar y cuyas acciones no se vean interferidas por las del soberano.[13]

**15.** De ahí el dicho: si conoces bien al enemigo y te conoces bien a ti mismo, no tienes por qué temer el resultado de cien batallas. Si te conoces bien a ti mismo, pero no al enemigo, por cada victoria que alcances sufrirás también una derrota. Si no conoces al enemigo ni te conoces a ti mismo, sucumbirás en cada batalla.

---

12. Cuanto mejor conozcamos nuestro negocio, cuanto más sepamos de nuestra competencia y del mercado en el que nos encontramos más fácil nos será anticiparnos a los movimientos de la competencia y trazar las estrategias que nos harán vencer.

13. Una vez fijados unos objetivos y atribuida una autoridad o una responsabilidad, nadie, ni siquiera el presidente de la compañía, debería interferir en la ejecución del plan.

# IV. Tácticas

**1.** Sun-Tzu dijo: los buenos luchadores antiguos se situaban primero más allá de la posibilidad de la derrota y luego esperaban una oportunidad para derrotar al enemigo.[1]

**2.** Está en nuestras manos asegurarnos contra la derrota, pero la oportunidad para derrotar al enemigo nos la proporciona el propio enemigo.

**3.** Así, el buen luchador es capaz de asegurarse contra la derrota, pero no puede tener la seguridad de derrotar al enemigo.

**4.** De ahí el dicho: uno puede saber cómo conquistar, sin ser capaz de hacerlo.[2]

**5.** Asegurarse contra la derrota supone aplicar tácticas defensivas; la habilidad para derrotar al enemigo supone pasar a la ofensiva.

---

1. Zang-Yu decía que «conocerse a sí mismo es hacerse invulnerable y conocer a los demás es buscar la vulnerabilidad del enemigo». En el conocimiento de nuestros puntos débiles y de los de nuestros competidores está la clave para adoptar una estrategia u otra.
2. Otras versiones dicen: «la victoria puede vislumbrarse, pero no puede fabricarse». Podemos hacerlo todo por el éxito de un producto, pero al final será el mercado el que decidirá si lo acepta o no.

**6.** Ponerse a la defensiva indica fortaleza insuficiente; pasar al ataque indica una gran abundancia de fortaleza.

**7.** El general que resulta muerto en la defensa, se oculta en los más secretos recovecos de la tierra; aquel que muere en el ataque deslumbra desde las más elevadas alturas del cielo. Así pues, tenemos, por un lado, habilidad para protegernos y, por el otro, una victoria que es completa.

**8.** Ver la victoria únicamente cuando la sabe reconocer hasta el más común de los mortales no es el colmo de la excelencia.

**9.** Tampoco es el colmo de la excelencia luchar y conquistar y que todo el imperio diga: «¡Bien hecho!».

**10.** Echar una cana al aire no es señal de gran fortaleza; ver el Sol y la Luna no es señal de vista aguda; escuchar el trueno no indica oído fino.[3]

**11.** Lo que los antiguos llamaban un luchador inteligente es aquel que no sólo gana, sino que destaca en ganar con facilidad.

**12.** De ahí que sus victorias no le proporcionen ni fama por sabiduría ni crédito por valor.

---

3. Comentando este aforismo, Lin-Quan decía: «Un jefe militar hábil y sabio establece sus planes de forma que los otros no puedan conocerlos. Es por esta razón por la que Sun-Tzu habla de "ser insondable como la sombra"».

**13.** Gana sus batallas al no cometer errores.[4] No cometer errores es lo que establece la certidumbre de la victoria, ya que significa conquistar a un enemigo que ya está derrotado.

**14.** De ahí que el luchador habilidoso se sitúe en una posición que haga imposible la derrota y no pase por alto el momento para derrotar al enemigo.

**15.** Por eso, en la guerra, el estratega victorioso sólo busca la batalla después de haber obtenido la victoria, mientras que aquél destinado a la derrota lucha primero y luego busca la victoria.[5]

**16.** El líder consumado cultiva la ley moral[6] y se atiene estrictamente al método y a la disciplina; por eso está en su poder controlar el éxito.

---

4. El ejecutivo ejemplar gana sus batallas porque no comete errores. El 80% de su éxito se basa en la correcta planificación y en la aplicación de las estrategias adecuadas. Sabe situarse en las posiciones que lo hacen menos vulnerable y desde las cuales tiene más posibilidades de atacar venciendo.

5. El directivo habilidoso apuesta cuando está seguro de ganar y no deja escapar las oportunidades.

6. El verdadero líder es el que actúa de acuerdo con la ley del Tao, de la armonía universal. A propósito de él, Li-Quan ha escrito que «cuando se usa armonía para aplacar la oposición, cuando no se ataca a un pueblo intachable y no se toma botín o cautivos en todas partes, ni se destrozan los árboles, ni se envenenan las aguas y, más bien, se purifican los santuarios de las aldeas o de las montañas por donde pasan las tropas, es decir, cuando no se cometen los errores de una nación moribunda, esto es lo que se llama la Vía y sus reglas».

17. Por lo que respecta al método militar tenemos, primero, medición; segundo, estimación de la cantidad; tercero, cálculo; cuarto, sopesar las posibilidades; quinto, la victoria.

18. La medición debe su existencia a la tierra, la estimación de la cantidad a la medición, el cálculo a la estimación de la cantidad, el sopesar las posibilidades al cálculo y la victoria a haber sopesado las posibilidades.

19. Un ejército victorioso, en contraposición con otro derrotado, es como colocar una libra de peso en un lado de la balanza y un solo gramo en la otra.

20. La embestida de una fuerza conquistadora es como el estallido de aguas contenidas en un abismo de mil brazas de profundidad.

# V. La fuerza

1. Sun-Tzu dijo: el control de una gran fuerza sigue el mismo principio que el control de unos pocos hombres: sólo es cuestión de dividir su número.

2. Luchar con un gran ejército bajo tu mando no es diferente a luchar con un ejército pequeño:[1] sólo es cuestión de instituir indicadores y señales.

3. Asegúrate de que tus huestes puedan resistir lo más recio del ataque enemigo y mantenerse incólumes; eso se consigue mediante maniobras directas e indirectas.

4. Que el impacto de tu ejército sea como el de una piedra de moler contra un huevo; eso se consigue mediante el conocimiento de los puntos débiles y fuertes.

5. En toda lucha se puede utilizar el método directo para unirse a la batalla, pero se necesitarán los métodos indirectos para asegurar la victoria.

6. Las tácticas indirectas, eficientemente aplicadas, son tan inagotables como el cielo y la tierra, tan interminables como el fluir de ríos[2] y corrientes;

---

1. Manejar un presupuesto millonario no es, en principio, distinto de manejar un pequeño presupuesto.
2. Los ríos, tradicionalmente, representan a los cambios que puedan ir surgiendo en el desarrollo del ataque que pueden incluso «hacer rodar las piedras a lo largo de su curso».

como el Sol y la Luna, terminan para recomenzar de nuevo; como las cuatro estaciones, pasan para regresar una vez más.

7. No hay más de cinco notas musicales y, sin embargo, las combinaciones de esas cinco dan lugar a más melodías de las que se pueden escuchar.

8. No hay más de cinco colores elementales (azul, amarillo, rojo, blanco y negro) y, sin embargo, sus combinaciones producen más tonalidades de las que se pueden ver.

9. No hay más que cinco gustos cardinales (agrio, ácido, salado, dulce, amargo) y, sin embargo, sus combinaciones producen más sabores de los que se pueden probar.

10. En la batalla sólo hay dos métodos de ataque, el directo y el indirecto; y, sin embargo, estos dos métodos combinados dan lugar a una serie interminable de maniobras.

11. El método directo y el indirecto conducen el uno al otro. Es como moverse en un círculo: nunca se llega al final. ¿Quién puede agotar las posibilidades de su combinación?

12. La arremetida de las tropas es como la acometida de un torrente que hará rodar incluso las piedras a lo largo de su curso.

13. La calidad de la decisión es como el súbito y bien coordinado descenso del halcón que le

permite asestar el golpe mortal y destruir a su víctima.

**14.** Por ello, el buen luchador será terrible en su acometida y rápido en su decisión.[3]

**15.** La energía se puede equiparar a tensar una ballesta; la decisión a soltar el gatillo.

**16.** En medio de la confusión y el tumulto de la batalla, puede haber un aparente desorden y, sin embargo, ningún verdadero desorden; en medio de la confusión y el caos, es probable que tu orden de batalla no tenga pies ni cabeza, pero estará a prueba contra la derrota.

**17.** El desorden simulado exige una disciplina perfecta, pero el temor simulado exige mucho valor, mientras que la debilidad simulada exige fortaleza.

**18.** El orden oculto bajo el manto del desorden es, simplemente, una cuestión de subdivisión; ocultar el valor bajo una apariencia de timidez presupone disponer de una reserva de energía latente; enmascarar la fortaleza con la debilidad se consigue mediante disposiciones tácticas.

**19.** Así, alguien habilidoso en mantener al enemigo en movimiento hace engañosas las apariencias, de acuerdo con las cuales actuará el enemigo.

---

3. Un buen ejecutivo será muy cuidadoso en las acciones que emprenda y no titubeará a la hora de tomar decisiones.

Sacrifica algo de lo que el enemigo pueda apoderarse.[4]

20. Al ponerle cebos, lo mantiene en movimiento mientras que, con un cuerpo de hombres escogidos, se agazapa a la espera.

21. El combatiente inteligente busca el efecto de la energía combinada y no exige demasiado de los individuos. De ahí su habilidad para escoger a los hombres adecuados[5] y para utilizar la energía combinada.

22. Al utilizar la energía combinada, sus combatientes son como troncos o piedras que ruedan colina abajo. Pues es propio de la naturaleza de un tronco o de una piedra el permanecer inmóviles en terreno plano y el moverse en una ladera; si tienen aristas, se quedan quietos, pero si sus formas son redondeadas, ruedan hacia abajo.

23. Así, la energía desarrollada por los buenos combatientes es como el ímpetu de una piedra redonda que rueda montaña abajo desde miles de pies de altura. Hasta aquí sobre el tema de la energía.

---

4. En este caso, el enemigo podría ser también el cliente final. A la hora de introducir un nuevo producto, una eficaz herramienta de *marketing* será regalar algo con él (sacrifica algo de lo que el enemigo pueda apoderarse) a modo de cebo para incitar al consumidor final a adquirir el producto.

5. El buen ejecutivo se rodeará de colaboradores eficaces y que armonicen con su personalidad a fin de formar un equipo compacto y efectivo.

# VI. Puntos débiles y fuertes

**1.** Sun-Tzu dijo: aquel que llegue primero al campo de batalla y espere la llegada del enemigo estará fresco para la lucha;[1] aquel que llegue segundo al campo de batalla y tenga que apresurarse para aprestarse a la batalla llegará a ésta exhausto.[2]

**2.** Por ello, el combatiente inteligente impone su voluntad al enemigo y no permite que éste le imponga la suya.

**3.** Al mantener sus ventajas, puede hacer que el enemigo se le aproxime por decisión propia; al infligirle un daño, hace imposible que se le acerque más.

**4.** Si el enemigo se tomara su tiempo, puede hostigarlo; si dispone de buenos suministros de comida, puede hacerle pasar hambre; si acampa tranquilamente, puede obligarlo a moverse.

---

1. El enemigo no es forzosamente alguien exterior, contrario a nosotros o a nuestros ideales. Puede tratarse de nuestros productos, y el campo de batalla el mercado. Hay que saber qué va a ocurrir con nuestros productos antes de lanzarlos al mercado a fin de poder responder a una demanda por parte de él. Para ello el testeo en una zona o una ciudad que se pueda extrapolar a todo el mercado será terriblemente eficaz.

2. El ejecutivo inteligente sabe cómo vender su producto: no tiene necesidad de que se lo vengan a comprar, pues sabe entusiasmar al cliente.

**5.** Aparece en aquellos puntos a los que el enemigo tenga que acudir presurosamente a defender; marcha con rapidez para llegar a lugares en los que no seas esperado.

**6.** Un ejército puede recorrer grandes distancias sin agotamiento, siempre y cuando marche por un terreno no ocupado por el enemigo.[3]

**7.** Puedes estar seguro de alcanzar éxito en tus ataques si únicamente atacas aquellos lugares que no están defendidos.[4] Puedes procurar la seguridad de tu defensa si únicamente mantienes posiciones que no puedan ser atacadas.

**8.** De ahí que sea hábil en el ataque aquel general cuyo contrincante no sepa qué defender, y será hábil en la defensa aquel cuyo contrincante no sepa qué atacar.

**9.** ¡Oh, divino arte de la sutileza y el secreto![5] A través de ti aprendemos a ser invisibles e inaudibles; por ello, podemos poner el destino del enemigo en tus manos.

---

3. Se pueden desarrollar campañas comerciales muy eficaces sin demasiado esfuerzo en terrenos o mercados más o menos vírgenes, en los que nuestros competidores aún no hayan entrado.
4. Muchas veces los «lugares que no están defendidos» son nichos de mercado que no interesan a las grandes compañías, pero en las que un buen equipo, eficaz y que sepa controlar su tamaño, puede realizar ventas importantes.
5. «El secreto protege», dicen los orientales, y es que mantener en secreto un nuevo producto o una campaña impide que los competidores reaccionen a tiempo o lo copien.

10. Puedes avanzar y ser absolutamente irresistible si te lanzas contra los puntos débiles del enemigo;[6] puedes retirarte y estar a salvo de toda persecución si tus movimientos son más rápidos que los del enemigo.

11. Si deseamos luchar, se puede obligar al enemigo a un combate, aunque esté protegido tras una alta muralla y un profundo foso. Lo único que tenemos que hacer es atacar cualquier otro lugar que él se vea obligado a socorrer.

12. Si no deseamos luchar, podemos prevenir que el enemigo nos obligue a combatir, aunque las líneas de nuestro campamento apenas estén trazadas sobre el terreno.[7] Lo único que necesitamos hacer es ofrecerle alguna presa extraña e inexplicable.

13. Al descubrir las disposiciones del enemigo y permanecer invisibles, podemos mantener concentradas nuestras fuerzas, mientras que el enemigo tendrá que dividir las suyas.

14. Podemos formar un solo cuerpo unido, mientras que el enemigo tendrá que dividirse en fracciones. De ahí que habrá un único grupo compacto y armado contra partes separadas de

---

6. Si hemos de competir con un producto, es conveniente ver en qué falla nuestra competencia: calidad, precio, distribución, descuentos, etc. Éstos son los posibles «puntos débiles del enemigo».

7. Inventar un rumor y hacerlo correr puede hacer perder tiempo a nuestros competidores y, por lo tanto, permitir que nosotros podamos prepararnos en campos que ellos no imaginan.

un todo, lo que significa que seremos muchos contra los pocos del enemigo.

15. Y si, de este modo, somos capaces de atacar una fuerza inferior con una superior, nuestros contrincantes se encontrarán en una situación apurada.

16. No debemos dar a conocer a nadie el lugar donde tenemos la intención de luchar; de ese modo, el enemigo tendrá que prepararse contra un posible ataque en varios puntos diferentes; al estar así sus fuerzas distribuidas en muchas direcciones, el número de las que tengamos que afrontar en cualquier punto dado será proporcionalmente menor.

17. Porque si el enemigo fortaleciese su vanguardia, tendría que debilitar su retaguardia; si fortaleciese su retaguardia, debilitaría su vanguardia; si fortalece el lado izquierdo, debilitará el derecho; si fortalece el lado derecho, debilitará el izquierdo. Si envía refuerzos a cualquier parte, se debilitará en otro lugar.

18. La debilidad numérica procede de tener que prepararse contra posibles ataques; la fortaleza numérica procede de obligar a nuestro adversario a realizar esos preparativos para defenderse de nosotros.

19. Al conocer el lugar y la hora de la próxima batalla, podemos concentrarnos desde las mayores distancias para poder luchar.

**20.** Pero si no supiéramos ni el lugar ni el momento, el ala izquierda no podrá socorrer a la derecha, del mismo modo que la derecha será impotente para acudir en auxilio de la izquierda; la vanguardia no podrá socorrer a la retaguardia, ni la retaguardia apoyar a la vanguardia. Ello será tanto más grave si las partes más alejadas del ejército están a cien *Li* de distancia y si las más cercanas están incluso a varios *Li* de distancia.

**21.** A pesar de que, según mis cálculos, los soldados de Yueh excedían a los nuestros en número, eso no les aventajará en nada para conseguir la victoria. Digo que podemos alcanzar la victoria.

**22.** Aunque el enemigo sea más numeroso, podemos impedirle luchar. Sólo hay que actuar con ardides para descubrir sus planes y la probabilidad de su éxito.[8]

**23.** Despiértalo y aprende el principio de su actividad o inactividad. Oblígalo a revelarse, para descubrir así sus lugares vulnerables.

**24.** Compara cuidadosamente el ejército contrincante con el propio, para que puedas saber dónde hay fuerza superabundante y dónde es ésta deficiente.

---

8. Aunque en un negocio tengamos que habérnoslas con una competencia que nos supera en volumen de ventas, siempre podemos idear productos más novedosos y más adecuados al mercado y si disponemos de información, adelantarnos a ellos.

**25.** Al tomar disposiciones tácticas, lo mejor que puedes hacer es ocultarlas; oculta tus disposiciones y estarás a salvo de las miradas de los más sutiles espías y de las maquinaciones de los más sabios cerebros.[9]

**26.** Cómo se puede producir la victoria a partir de la propia táctica del enemigo: eso es lo que la multitud no puede comprender.

**27.** Todos comprenden la táctica allí donde conquisto, pero lo que nadie puede ver es la estrategia a partir de la cual surgió la victoria.

**28.** No repitas la táctica que te permitió obtener una victoria y deja que tus métodos estén regulados por la infinita variedad de las circunstancias.

**29.** Las tácticas militares son como estar en el agua, pues el agua, en su curso natural, se aleja de los lugares altos y se precipita hacia abajo.

**30.** Así, en la guerra, el camino a seguir consiste en evitar lo que es fuerte y golpear sobre lo que es débil.[10]

---

9. De nuevo Sun-Tzu nos recomienda el secreto y la discreción. Más adelante nos exhortará a ser «oscuros e impenetrables como la noche» en lo que nuestros planes se refiere.

10. Evitar competir en aquellos puntos en los que nuestros competidores son fuertes y hacer hincapié en aquéllos en los que no lo son evitará gastos inútiles y nos proporcionará pequeñas victorias que podrían desembocar en la victoria final.

31. El agua configura su curso de acuerdo con la naturaleza del terreno sobre el que fluye;[11] el soldado elabora su victoria en relación con el enemigo al que se enfrenta.

32. Por ello, del mismo modo que el agua no mantiene una forma constante, tampoco hay condiciones constantes en el arte de la guerra.

33. De aquel que pueda modificar su táctica en relación con su contrincante, consiguiendo ganarle, puede decirse que es un capitán nacido en el cielo.

36. Los cinco elementos (agua, fuego, madera, metal, tierra) no siempre son igualmente predominantes; las cuatro estaciones dejan paso a la siguiente. Hay días cortos y largos; la Luna tiene sus períodos menguantes y crecientes.

---

11. El ejecutivo inteligente sabe adaptarse al mercado leyendo las señales que éste le envía.

# VII. Maniobras

**1.** Sun-Tzu dijo: en la guerra, el general recibe sus órdenes del soberano.

**2.** Después de haber reunido un ejército y concentrado sus fuerzas, tiene que mezclar y armonizar los diferentes elementos que lo componen antes de plantar su campamento.

**3.** Después de eso, vienen las maniobras tácticas, de las que nada hay más difícil. La dificultad de la maniobra táctica consiste en transformar lo tortuoso en directo y la desventura en ganancia.[1]

**4.** Así, al seguir una ruta larga y tortuosa, después de haber atraído al enemigo fuera del camino y empezar a perseguirlo, para lograr llegar al objetivo antes que él, demuestra conocimiento del artificio del engaño.

**5.** Maniobrar con un ejército es ventajoso, pero se vuelve de lo más peligroso cuando sólo se cuenta con una multitud indisciplinada.

**6.** Si pones en marcha a un ejército completamente equipado para aprovechar una ventaja, lo más probable es que llegues tarde. Por otro lado,

---

1. Transformar en éxito nuestros fracasos. En todo fracaso está contenida la semilla de un éxito, pues «lo tortuoso» puede ser enderezado.

destacar una columna rápida para ese propósito supone sacrificar su impedimenta y pertrechos.

7. Así, si ordenas a tus hombres que se levanten los faldones y hagan marchas forzadas sin detenerse día y noche, cubriendo el doble de la distancia habitual de un tirón, recorriendo cien *Li* para aprovechar una ventaja, los jefes de tus tres divisiones caerán en manos del enemigo.

8. Los hombres más fuertes estarán en la vanguardia y los cansados habrán quedado atrás y, según este plan, únicamente una décima parte de tu ejército llegará a su destino.

9. Si marchas cincuenta *Li* para superar tácticamente al enemigo, perderás al jefe de tu primera división y únicamente la mitad de tus fuerzas llegarán a su objetivo.

10. Si marchas treinta *Li* con el mismo objetivo, llegarán las dos terceras partes de tu ejército.

11. Podemos dar por sentado que un ejército sin impedimenta está perdido, sin provisiones está perdido, sin bases de aprovisionamiento está perdido.

12. No podemos establecer alianzas hasta conocer los designios de nuestros vecinos.

13. No estaremos preparados para dirigir un ejército en marcha a menos que nos hayamos familiarizado con el terreno, con sus montañas

y bosques, sus peligros y precipicios, sus pantanos y marismas.

14. No podremos aprovechar las ventajas naturales, a menos que utilicemos a los guías locales.[2]

15. En la guerra, practica la simulación y alcanzarás éxito.

16. Concentrar o dividir tus fuerzas es algo que se tiene que decidir según las circunstancias.

17. Procura que tu rapidez sea la del viento,[3] tu solidez compacta como la del bosque.

18. En las incursiones y el saqueo, procura ser como el fuego y tan inconmovible como la montaña.

19. Que tus planes sean tan oscuros e impenetrables como la noche y, cuando te muevas, cae como un rayo.

20. Cuando saquees un país, permite que tus hombres se repartan los despojos; al capturar un territorio nuevo, divídelo en parcelas, para beneficio de la soldadesca.

---

2. A propósito de esto, Li-Quan decía que «ir a cazar ciervos sin un guía sólo te llevará a los breñales». Hay que saber rodearse de expertos que nos asesoren en cada punto que no dominemos.

3. Conviene ser imprevisibles como el viento en aquellas campañas en las que nuestros competidores pueden reaccionar con productos parecidos a los nuestros, y lograr una amplia difusión en la que nuestro material se vea «como los árboles del bosque».

21. Reflexiona y delibera antes de efectuar un movimiento.

22. Conquistará aquel que haya aprendido el artificio del engaño. Ése es el arte de la maniobra táctica.

23. El *Libro de la dirección del ejército* dice: en el campo de batalla, la palabra hablada no llega lo bastante lejos; de ahí la institución de gongs y tambores. Los objetos ordinarios tampoco pueden verse con suficiente claridad; de ahí la institución de estandartes y banderas.

24. Los gongs, tambores, estandartes y banderas son medios por los cuales los oídos y los ojos del jefe se pueden concentrar en un punto determinado.

25. Cuando el jefe forma así un solo cuerpo unido, es imposible que el valiente avance solo o que el cobarde se retire solo. Éste es el arte de manejar a grandes masas de hombres.

26. En la lucha nocturna haz uso abundante de hogueras de señales y tambores y si luchas durante el día, de estandartes y banderas, como un medio de influir sobre los oídos y los ojos de tu ejército.

27. A un ejército entero se le puede robar su espíritu; a un comandante en jefe se le puede robar su presencia de ánimo.

**28.** El espíritu del soldado es más penetrante por la mañana; al mediodía ya ha empezado a flaquear y, por la noche, sólo piensa en regresar al campamento.

**29.** Por ello, un general inteligente evita a un ejército cuando su espíritu es más penetrante, pero ataca cuando es más lento e inclinado a regresar. Éste es el arte de estudiar los estados de ánimo.

**30.** Mantenerse disciplinado y sereno, a la espera de que aparezcan el desorden y la confusión entre el enemigo, ése es el arte de conservar el autodominio.

**31.** Estar cerca del objetivo cuando el enemigo todavía se halla lejos de él, esperar tranquilamente mientras el enemigo se fatiga y se esfuerza, estar bien alimentado mientras el enemigo padece hambre, ése es el arte de estudiar las circunstancias.

**33.** Es un axioma militar no avanzar colina arriba contra el enemigo, ni oponerse a él cuando ataca colina abajo.

**34.** No persigas a un enemigo que finge huir; no ataques a los soldados de temperamento entusiasta.

**35.** No muerdas el cebo que te ofrece el enemigo. No impidas el paso de un ejército que regresa a casa.

**36**. Cuando rodees a un ejército, deja libre una salida. No presiones demasiado duramente a un enemigo desesperado.

**37**. Tal es el arte de la guerra.

# VIII. Variación en las tácticas

1. Sun-Tzu dijo: en la guerra, el general recibe sus órdenes del soberano, reúne a su ejército y concentra sus fuerzas.

2. Cuando te encuentres en un país difícil, no acampes. En un país en el que se cruzan caminos importantes, une tus manos con las de tus aliados.[1] No permanezcas tiempo en posiciones peligrosamente aisladas. En situaciones en las que estés cercado, tienes que recurrir a una estratagema. En una posición desesperada, tienes que luchar.

3. Hay caminos que no se deben seguir, ejércitos a los que no se debe atacar, ciudades que no se deben asediar, posiciones que no se deben conquistar, órdenes del soberano que no se tienen que obedecer.

4. El general que comprende meticulosamente las ventajas que acompañan a la variación de tácticas sabe cómo manejar a sus tropas.

---

1. No te lances a la conquista de un mercado que no dominas, del que desconoces el idioma o los hábitos de la gente. Es mejor buscar algún tipo de alianza, con algún colega en forma de consorcio o con algún cliente local que sí domine las características del mercado.

**5.** El general que no las comprende, quizá esté familiarizado con la configuración del terreno, a pesar de lo cual no podrá sacarle un provecho práctico a sus conocimientos.

**6.** Así, el estudioso de la guerra, que no está versado en el arte de variar sus planes, aunque esté familiarizado con las cinco ventajas, no conseguirá hacer el mejor uso posible de sus hombres.

**7.** De ahí que, en los planes de los líderes sabios, se fundirán las consideraciones sobre las ventajas y las desventajas.

**8.** Si moderas de este modo tu expectativa de la ventaja, puedes alcanzar éxito en lograr la parte esencial de nuestros planes.

**9.** Si, por otro lado, en medio de las dificultades estamos siempre dispuestos a aprovechar una ventaja, podemos abrirnos paso por entre los infortunios.[2]

**10.** Reduce a los jefes hostiles infligiéndoles daño, procurando que tengan problemas, manteniéndolos constantemente ocupados, ofreciéndoles alicientes engañosamente atractivos y haciéndolos precipitarse hacia cualquier punto dado.[3]

---

2. En los mercados y los momentos difíciles siempre hay oportunidades y nichos que la competencia desestimará y que pueden ser particularmente rentables.

3. Una manera de reducir la fuerza de la competencia es entreteniéndola y creándole pequeños problemas o noticias falsas que distraigan.

**11.** El arte de la guerra nos enseña a fiarnos no de la probabilidad de que no aparezca el enemigo, sino de nuestra propia preparación para recibirlo; no de la posibilidad de que no ataque, sino más bien del hecho de haber convertido nuestra posición en inexpugnable.

**12.** Hay cinco defectos peligrosos, que pueden afectar a un general:[4]

- ❖ Temeridad, que puede conducir a la destrucción.
- ❖ Cobardía, que conduce a ser capturado.
- ❖ Un temperamento precipitado, que pueda ser provocado por los insultos.
- ❖ Una delicadeza de honor que sea sensible a la vergüenza.
- ❖ Una excesiva solicitud con sus hombres, lo que le expone a la preocupación y a los problemas.

**13.** Éstos son los cinco pecados que asedian a un general y que son ruinosos para conducir la guerra.

**14.** Cuando un ejército es arrollado y su líder muerto, la causa se encontrará seguramente en estos cinco peligrosos defectos. Que sean tema de tus meditaciones.

---

4. Estos cinco defectos pueden entenderse como imprudencia, miedo al fracaso (o al éxito), premura en nuestras acciones, exceso de decencia y excesiva preocupación por lo que pensarán los demás.

# IX. El ejército en marcha

1. Sun-Tzu dijo: llegamos ahora a la cuestión de acampar el ejército y observar las señales del enemigo. Pasa rápidamente sobre las montañas y mantente en las cercanías de los valles.[1]

2. Acampa en lugares altos, frente al Sol. No escales las alturas para luchar. Y eso es todo lo que hay que decir sobre la guerra en las montañas.

3. Después de cruzar un río, deberías alejarte mucho de él.

4. Cuando una fuerza invasora cruza un río en su avance, no salgas a su encuentro en medio de la corriente. Será mejor dejar que el ejército cruce; lanza entonces tu ataque.

5. Si te sientes impaciente por luchar, no deberías acudir a enfrentarte con el invasor cerca de un río que tiene que cruzar.

6. Sitúa tus fuerzas en una posición más alta que la del enemigo, frente al Sol. No avances corriente arriba para salir al encuentro del enemigo. Y eso es todo lo que hay que decir sobre la guerra en el río.

---

1. No expongas imprudentemente tus planes y colócate en una posición en la que puedas reaccionar con presteza a cualquier represalia de la competencia.

**7.** Al cruzar marismas saladas,[2] tu única preocupación debería ser pasar al otro lado lo más rápidamente que puedas, sin dilación alguna.

**8.** Si te ves obligado a luchar en una marisma salada, deberías disponer de agua y hierba cerca[3] y dar la espalda a un bosquecillo de árboles. Y eso es todo lo que hay que decir sobre las operaciones en marismas saladas.

**9.** El terreno seco y nivelado, ocupa una posición fácilmente accesible, con el terreno elevándose a tu derecha y a tu espalda, de modo que el peligro se encuentre delante y la seguridad esté detrás. Y eso es todo lo que hay que decir sobre campañas en terreno llano.

**10.** Éstas son las cuatro ramas útiles del conocimiento militar que permitieron al emperador amarillo vencer a cuatro soberanos diferentes.

**11.** Todos los ejércitos prefieren el terreno alto al bajo y los lugares soleados a los oscuros.

**12.** Si cuidas de tus hombres y acampas en terreno duro, el ejército estará libre de las enfermedades de todo tipo y eso presagiará la victoria.

**13.** Cuando llegues a una colina u orilla fluvial, ocupa el lado soleado, con la ladera a tu lado derecho, hacia atrás. De ese modo, actuarás al

---

2. Momentos de crisis que es preciso atravesar lo más rápido posible.
3. De tesorería y *stocks* para poder atravesar la crisis.

mismo tiempo en beneficio de tus soldados y utilizarás las ventajas naturales del terreno.

14. Cuando, como consecuencia de las fuertes lluvias en la cabecera de un río que quieres cruzar, éste se haya hinchado y aparezca salpicado de espuma, tienes que esperar a que baje su nivel.

15. No debes aproximarte o cruzar con toda la rapidez posible aquel terreno que tenga altos acantilados, con torrentes corriendo por entre hondonadas profundas y naturales, lugares cerrados, espesuras enmarañadas, cenagales y grietas.

16. Aunque debemos alejarnos de esos lugares, deberíamos tratar de conseguir que el enemigo se acercara a ellos; mientras que debemos situarnos frente a ellos, tenemos que tratar de que el enemigo los tenga a sus espaldas.

17. Si en las cercanías de tu campamento hubiera algún terreno montañoso, charcas rodeadas de hierbas acuáticas, hondonadas llenas de juncos o bosques con espeso monte bajo, tienen que ser recorridos cuidadosamente y registrados, ya que ésos son los lugares en los que más probablemente se ocultarán hombres en preparación de una emboscada o los insidiosos espías.

18. Cuando el enemigo está cerca y se mantiene tranquilo, significa que se fía de la fortaleza natural de su posición.

19. Cuando se mantiene alejado y trata de provocar una batalla, está impaciente de que el otro avance.

20. Si el lugar donde acampa el enemigo es de fácil acceso, te está poniendo un cebo.

21. El movimiento que se observa entre los árboles de un bosque indica que el enemigo está avanzando. La aparición de una serie de exploradores desplegados en abanico en medio de la hierba espesa significa que el enemigo quiere hacernos recelar.

22. Cuando las aves levantan el vuelo para huir, es señal de que se prepara una emboscada.[4] Las bestias asustadas indican que se avecina un ataque por sorpresa.

23. Cuando se levanta polvo, formando una columna alta, es una indicación de que están avanzando los carros de guerra; si el polvo es bajo, pero se extiende sobre una zona amplia, indica que se acerca la infantería. Cuando se ramifica en diferentes direcciones, indica que se han enviado grupos para recoger leña. Unas pocas nubes de humo en movimiento de un lado a otro significa que el ejército está acampando.

24. Las palabras humildes y el aumento de los preparativos son señales de que el enemigo

---

4. Cuando tus pequeños competidores, más débiles que tú, empiecen a dejar de pagar o a cerrar sus empresas, es que se acerca un momento de crisis.

se dispone a avanzar. El lenguaje violento y los amagos de avance, como si se dispusiera a atacar, son señales de que se va a retirar.

25. Cuando los carros ligeros avanzan en primer lugar y ocupan una posición en las alas, es una indicación de que el enemigo está formando para la batalla.

26. Las propuestas de paz que no van acompañadas por un pacto jurado indican una estratagema.

27. Cuando todos corren mucho de un lado a otro y los soldados forman filas, significa que ha llegado el momento crítico.

28. Cuando se ve a alguien que avanza y a alguien que se retira, es un señuelo.

29. Cuando los soldados están de pie apoyados en sus lanzas es porque se sienten débiles y andan necesitados de alimento.

30. Si aquellos que son enviados a buscar agua empiezan por beber ellos mismos, quiere decir que el ejército está sediento.[5]

31. Si el enemigo ve la posibilidad de aprovechar una ventaja y no hace esfuerzo alguno por asegurársela, quiere decir que sus soldados están agotados.

---

5. Si los vendedores insisten en quedarse con las cantidades de dinero que cobran a cuenta de sus comisiones, es que se sienten mal pagados.

**32**. Si en un lugar se observa abundancia de pájaros, quiere decir que el lugar no está ocupado. El griterío por la noche indica nerviosismo.

**33**. Si hay perturbación en el campamento, la autoridad del general es débil. Si los estandartes y banderas van de un lado a otro, se prepara la sedición. Si los oficiales están enojados, significa que los hombres están fatigados.

**34**. Cuando un ejército alimenta a sus caballos con grano y mata a su ganado para obtener alimento y cuando los hombres no cuelgan sus pucheros sobre las hogueras del campamento, demostrando con ello que no regresarán a sus tiendas, puedes estar seguro de que están decididos a luchar hasta la muerte.

**35**. La escena de hombres susurrando juntos en pequeños grupos o hablando en voz baja indica desafección entre la soldadesca.

**36**. La concesión de recompensas demasiado frecuentes significa que el enemigo se encuentra al final de sus recursos; la aplicación de demasiados castigos indica una situación de agotamiento.[6]

---

6. Cuando nuestra competencia rompe precios o salda sus productos de un modo excesivo, es señal de que sus recursos económicos son escasos y tiene necesidad de reducir sus *stocks* y sus gastos o, sencillamente, precisa liquidez.

**37.** Empezar con fanfarronadas para asustarse después ante el número de las fuerzas enemigas indica una suprema falta de inteligencia.

**38.** Cuando se despachan enviados con palabras de cumplido, es una señal de que el enemigo desea establecer una tregua.[7]

**39.** Si las tropas del enemigo marchan enérgicamente y continúan frente a las nuestras durante largo tiempo, sin entablar batalla y sin cejar, la situación exige una gran vigilancia y prudencia.

**40.** Si tus tropas no superan ampliamente en número a las del enemigo, sólo significa que no se puede llevar a cabo un ataque directo. Lo único que podemos hacer es, simplemente, concentrar toda nuestra fuerza disponible, vigilar atentamente al enemigo y tratar de conseguir refuerzos.

**41.** Aquel que no ejerce su capacidad de previsión y toma a la ligera a sus contrincantes, puede estar seguro de que será capturado por ellos.[8]

---

7. Una actitud particularmente pacífica por parte de nuestros competidores podría indicar que se quieren acercar a nosotros en vistas a una alianza, pero también podría tratarse de una trampa. El comentador clásico Cao-Cao decía que «cuando los emisarios vienen con palabras humildes, envía espías y encontrarás que el enemigo está haciendo preparaciones para el ataque».

8. No hay que subestimar nunca a la competencia. La compañía más pequeña puede crecer y desbancarnos en poco tiempo si no estamos atentos a sus movimientos.

**42**. Si los soldados son castigados antes de que te hayan tomado apego, no demostrarán por ello ser más sumisos y, mientras no sean sumisos, serán prácticamente inútiles. Si una vez que los soldados te hayan tomado apego no se les aplican los castigos merecidos, seguirán siendo inútiles.

**43**. Por ello, a los soldados hay que tratarlos primero con humanidad, pero tenerlos bajo control por medio de una disciplina de hierro. Ése es el camino cierto que conduce a la victoria.

**44**. Si al entrenar a los soldados las órdenes son habitualmente impuestas, el ejército estará bien disciplinado; en caso contrario, su disciplina será mala.

**45**. Si un general demuestra confianza en sus hombres, pero siempre insiste en que sus órdenes sean obedecidas, la ganancia será mutua.

# X. El terreno

**1.** Sun-Tzu dijo: podemos distinguir seis clases de terreno, a saber:

    I. El terreno accesible

    II. El terreno enmarañado

    III. El terreno contemporizador

    IV. Los pasos estrechos

    V. Las alturas escarpadas

    VI. Posiciones a una gran distancia del enemigo

**2.** Del terreno que se puede atravesar libremente por ambos lados se dice que es accesible.[1]

**3.** Por lo que respecta al terreno de esta naturaleza, adelántate al enemigo en ocupar los lugares elevados y soleados y protege cuidadosamente tu línea de avituallamiento. Entonces podrás combatir con ventaja.

---

1. *Tong:* Se refiere a aquellos mercados en los que podemos operar con la misma facilidad que nuestros adversarios. Si seguimos los consejos de Sun-Tzu, hemos de buscar «un lugar elevado», «con una amplia visión» en los mercados en los que deseamos operar. También hemos de tener presente que debemos «mantener siempre protegidas las vías de aprovisionamiento», es decir, tener contratos con nuestros proveedores que nos aseguren tanto las materias primas como todo lo que podamos necesitar en el negocio.

**4.** Al terreno que puede ser abandonado, pero que es difícil volver a ocupar se le llama enmarañado.[2]

**5.** Desde una posición de este tipo, si el enemigo no está preparado, puedes hacer una salida resuelta y derrotarlo. Pero si está preparado para tu acometida y no consigues derrotarlo, entonces se producirá el desastre, al ser imposible la retirada.

**6.** Cuando la posición es de tal naturaleza que ninguna de las dos partes ganará nada haciendo el primer movimiento, se dice que es un terreno contemporizador.[3]

**7.** En una posición de esta clase y aunque el enemigo nos ofrezca un cebo atractivo, será aconsejable no picar el anzuelo, sino más bien retirarse, incitando así al enemigo a atacar; luego, cuando

---

2. *Gua:* Son aquellas situaciones, altamente arriesgadas, en las que nuestra única posibilidad de éxito consiste en «huir hacia delante». Aquí Sun-Tzu nos recomienda muy explícitamente la discreción. Nuestros competidores (Sun-Tzu los llama «adversarios») no deben saber que no podemos volver hacia atrás. Son también aquellos mercados complicados que conviene abandonar hasta que cambien las circunstancias geopolíticas, pero en los que después será más difícil entrar.

3. *Zhi:* Indica una situación en la que no tenemos ninguna ventaja sobre nuestros competidores, pero en la que ellos tampoco nos superan particularmente. En una situación así son importantes dos actitudes: la humildad y la astucia. No hemos de mostrarnos triunfalistas sino más bien adoptar una actitud humilde a fin de despistar a la competencia, y no hemos de pasar al ataque hasta que la competencia baje las defensas.

parte de su ejército haya quedado al descubierto, podremos lanzar nuestro ataque con ventaja.

**8.** Por lo que se refiere a los pasos estrechos, si puedes ocuparlos el primero, deja en ellos una fuerte guarnición y espera la llegada del enemigo.[4]

**9.** Si el ejército contrario se te anticipa y ocupa un paso, no lo persigas si el paso cuenta con una fuerte guarnición, sino únicamente en caso de que la guarnición sea débil.

**10.** Por lo que se refiere a las alturas escarpadas,[5] si consigues adelantarte a tu adversario, deberías ocupar los lugares elevados y soleados y esperar allí a que llegue.

**11.** Si el enemigo los hubiese ocupado antes, no lo sigas, retírate y trata de atraerlo fuera del lugar.

**12.** Si te hallas situado a una gran distancia del enemigo[6] y la fuerza de los dos ejércitos es la

---

4. Los «pasos estrechos» aluden a una posición de liderazgo que debemos tomar antes de que lo hagan nuestros competidores (el enemigo). Desde esta posición podremos afrontar mejor su competencia. Pero si el que la ocupa es él, hemos de evitar cualquier acción agresiva, buscar nichos en los que podamos estar más fuertes que ellos y esperar con paciencia tiempos mejores.

5. *Xian:* Llamado «el terreno escarpado» o las alturas escarpadas, se refiere a una posición líder en la que únicamente hemos de vigilar los pasos de nuestros competidores a fin de que no nos cojan desprevenidos. Si es nuestro enemigo el que goza de esta posición, deberemos ser prudentes y no atacar. Conviene estar al acecho y tener paciencia.

6. *Yuan:* Se refiere a una situación que se da pocas veces en la realidad empresarial: nosotros y nuestro competidor estamos «empatados»:

misma, no resultará fácil provocar una batalla y toda lucha irá en tu desventaja.

13. Éstos son los seis principios conectados con la tierra. El general que ha alcanzado un puesto responsable tiene que estudiarlos con atención.

14. Un ejército se halla expuesto a seis calamidades diferentes, que no proceden de causas naturales, sino de errores de los que únicamente el general será responsable. Éstos son:

❖ Huida

❖ Insubordinación

❖ Colapso

❖ Ruina

❖ Desorganización

❖ Fuga desordenada

15. Siendo iguales las otras condiciones, si una fuerza es lanzada contra otra de tamaño diez veces superior, el resultado será la huida de la primera.

16. Cuando los soldados de a pie son demasiado fuertes y sus oficiales demasiado débiles, el resultado es la insubordinación. Cuando los ofi-

---

contamos con los mismos recursos, facturaciones similares y tenemos la misma fuerza. Hay pocos mercados donde nuestra compañía y nuestros competidores tengamos una situación de dominio uniforme. Cuando ocurre algo que se le parece, nos hallamos en una situación en la que es más conveniente pactar o fusionarnos que competir despiadadamente, pues una guerra de precios nos debilitaría y no nos beneficiaría a ninguno de los dos.

ciales son demasiado fuertes y los soldados de a pie demasiado débiles, el resultado es el colapso.

17. Cuando los oficiales superiores se muestran enojados e insubordinados y al encontrarse con el enemigo combaten por su propia cuenta, impulsados por el resentimiento, antes de que su comandante en jefe pueda decirles si están en posición o no para combatir, el resultado es la ruina.

18. Cuando el general es débil y no tiene autoridad, cuando sus órdenes no son claras y concisas, cuando a los oficiales y a los hombres no se les asignan deberes fijos que cumplir y las filas se forman de una manera descuidada y azarosa, el resultado es la mayor desorganización.

19. Cuando un general, incapaz de calcular la fuerza del enemigo, permite que una fuerza inferior entable combate con otra más grande o lance un destacamento débil contra otro poderoso y descuide situar en la primera fila a soldados con picas, el resultado es la huida a la desbandada.

20. Éstas no son sino seis formas de cortejar la derrota, que deben ser cuidadosamente tenidas en cuenta por el general que haya alcanzado un puesto responsable.

21. La formación natural del país es el mejor aliado de los soldados, pero la prueba de todo gran general es la capacidad para calcular al adver-

sario, de controlar las fuerzas de la victoria y de calcular astutamente las dificultades, peligros y distancias.

22. Aquel que sabe estas cosas y pone en práctica sus conocimientos en el combate, ganará sus batallas. Aquel que no las conozca y que no las practique será derrotado con toda seguridad.[7]

23. Si la lucha ha de tener como resultado seguro la victoria, entonces tienes que luchar, aunque el gobernante te lo prohíba; si la lucha no ha de dar como resultado la victoria, entonces no tienes que luchar, aunque el gobernante te lo pida.

24. El general que avanza sin ambicionar la fama y que se retira sin temer la desgracia, cuyo único pensamiento es proteger a su país y hacer un buen servicio a su soberano, es la joya del reino.

25. Considera a tus soldados como a tus hijos y te seguirán hasta los valles más profundos; considéralos como a tus queridos hijos y estarán a tu lado hasta la muerte.

26. Sin embargo, si eres indulgente pero incapaz de hacer sentir tu autoridad, si tu corazón es bondadoso pero eres incapaz de hacer que se cumplan tus órdenes y eres, además, incapaz de sofocar el desorden, entonces tus soldados

---

7. No basta con conocer los principios del arte de la estrategia, puesto que, si no los aplicamos convenientemente, las posibilidades de perder siguen siendo importantes.

son como niños malcriados, inútiles para todo propósito práctico.

27. Si sabemos que nuestros hombres están en condiciones de atacar, pero no somos conscientes de que el enemigo no está abierto al ataque, sólo habremos recorrido la mitad del camino que conduce a la victoria.[8]

28. Si sabemos que el enemigo está abierto al ataque, pero no sabemos que nuestros hombres no están en condiciones de atacar, sólo habremos recorrido la mitad del camino que conduce a la victoria.[9]

29. Si sabemos que el enemigo está abierto al ataque y también sabemos que nuestros hombres están en condiciones de atacar, pero no sabemos que la naturaleza del terreno hace la lucha impracticable, sólo habremos recorrido la mitad del camino que conduce a la victoria.

30. De ahí que el soldado experimentado, una vez en movimiento, nunca se desconcierta; una vez que ha roto el campamento, nunca se siente perdido.

---

8. Disponemos del producto y de los medios idóneos para introducirlo en un mercado, pero éste no está preparado.

9. El mercado está deseoso de un producto, pero nosotros no disponemos aún de la suficiente información y penetración para mercadearlo.

**31.** De ahí el dicho: si conoces al enemigo y te conoces a ti mismo, no tendrás dudas de tu victoria; si conoces el cielo y conoces la tierra, puedes conseguir que tu victoria sea completa.

# XI. Las nueve situaciones

**1.** Sun-Tzu dijo: el arte de la guerra reconoce nueve variedades de terreno:

❖ Terreno disperso

❖ Terreno fácil

❖ Terreno contencioso

❖ Terreno abierto

❖ Terreno de intersección de carreteras

❖ Terreno grave

❖ Terreno difícil

❖ Terreno encerrado

❖ Terreno desesperado

**2.** Cuando un jefe lucha en su propio territorio, es un terreno disperso.

**3.** Cuando ha penetrado en territorio hostil, pero sin profundizar a demasiada distancia, es un terreno fácil.

**4.** El terreno cuya posesión supone una gran ventaja para cualquiera de los dos bandos, es un terreno contencioso.

**5.** El terreno en el que ambos bandos tienen libertad de movimientos es un terreno abierto.

**6.** El terreno que forma la clave para acceder a tres estados contiguos, de tal modo que quien lo ocupa primero posee la mayor parte del imperio bajo sus órdenes, es un terreno de intersección de carreteras.

**7.** Cuando un ejército ha penetrado en el corazón de un país hostil, dejando en la retaguardia una serie de ciudades fortificadas, está en un terreno grave.

**8.** Los bosques de las montañas, las zonas escarpadas, las pantanosas y cubiertas de ciénagas, todo aquel territorio que sea duro de atravesar es un terreno difícil.

**9.** El terreno al que se llega a través de estrechas gargantas y desde el que sólo se puede efectuar la retirada por caminos tortuosos, de modo que un pequeño número de soldados enemigos sería suficiente para aplastar a un gran conjunto de nuestros hombres, es un terreno encerrado.

**10.** Aquel terreno en el que únicamente podemos salvarnos de la destrucción luchando sin demora es un terreno desesperado.

**11.** Por tanto, no luches en el terreno disperso, no te detengas en el terreno fácil, no ataques en el terreno contencioso.

**12.** En terreno abierto, no trates de bloquear el paso del enemigo. En el terreno de intersección de carreteras, une tus manos con las de tus aliados.

13. En terreno grave, acumula el botín. En terreno difícil, mantén continuamente la marcha.

14. En terreno encerrado, recurre a una estratagema. En terreno desesperado, combate.

15. Aquellos antiguos a los que se llamó líderes habilidosos sabían cómo introducir una cuña entre la vanguardia y la retaguardia del enemigo, impedir la cooperación entre sus divisiones grandes y pequeñas, impedir que las buenas tropas rescataran a las malas, que los oficiales intimidaran a sus hombres.

16. Cuando los hombres del enemigo estaban unidos, se las arreglaban para mantenerlos sumidos en el desorden.

17. Cuando así les convenía, avanzaban; en caso contrario, se detenían y permanecían quietos.

18. Si se me preguntara cómo enfrentarse a una numerosa fuerza enemiga bien formada y a punto de marcha para el ataque, diría: «Empieza por apoderarte de algo que le sea muy querido a tu contrincante; luego será sumiso a tu voluntad».[1]

---

1. Si no podemos competir en todo el mercado con nuestros contrincantes, escojamos un segmento de mercado que les sea particularmente caro y hagamos un esfuerzo allí, pues sin duda los debilitaremos. Más adelante Sun-Tzu dirá «anticípate al contrincante apoderándote de

**19.** La rapidez es la esencia de la guerra: aprovecha la falta de preparación del enemigo, ábrete paso por rutas inesperadas y ataca lugares desprotegidos.[2]

**20.** Los siguientes son los principios que debe observar cualquier fuerza invasora: cuanto más profundamente penetres en un país, tanto mayor será la solidaridad de tus tropas y, así, los defensores no prevalecerán contra ti.

**21.** Emprende incursiones por territorio fértil para suministrar comida a tu ejército.[3]

**22.** Procura cuidadosamente el bienestar de tus hombres y no les exijas demasiado. Concentra tu energía y acumula tu fortaleza. Procura mantener a tu ejército en continuo movimiento e imagina planes insondables.

**23.** Sitúa a tus soldados en posiciones de las que no puedan escapar y preferirán la muerte antes que huir. Si están dispuestos a afrontar la muerte no hay nada que no puedan conseguir. Hombres y oficiales, por igual, darán de sí sus mayores reservas de fortaleza.

---

aquello que le sea más querido y procura hacerlo cuando él llegue al terreno» (XI-66)

2. Cuando estamos enfrentándonos con competidores que nos superan en tamaño, hemos de aprovecharnos de la lentitud y la burocracia que ello suele conllevar y actuar más ágil y rápidamente que ellos.

3. Aprovecha las ocasiones y los negocios puntuales que sean muy rentables para aumentar tu tesorería.

**24.** Cuando se encuentran en situaciones desesperadas, los soldados pierden el sentido del
temor. Si no hay ningún lugar donde refugiarse, se mantendrán firmes. Si están en territorio
hostil, mostrarán un frente tenaz. Si no hay
forma de recibir ayuda, lucharán duramente.

**25.** Así, sin esperar a que se les ordene, los soldados estarán constantemente alerta, harán tu
voluntad sin esperar a que se les pida, serán
fieles sin restricciones y se podrá confiar en
ellos sin necesidad de darles órdenes.

**26.** Prohíbe la búsqueda de presagios y elimina
las dudas supersticiosas. Entonces, no tendrás
necesidad de temer ninguna calamidad hasta
que llegue la propia muerte.[4]

**27.** Si nuestros soldados no están sobrecargados de
dinero no es porque no les gusten las riquezas;
si sus vidas no son indebidamente prolongadas, no es porque no sientan inclinación hacia
la longevidad.

**28.** El día en que se les ordene ir a la batalla, tus soldados pueden llorar, unos tratando de secarse
las lágrimas con su atuendo, otros dejando que
éstas se derramen libremente por las mejillas.
Pero en cuanto se vean acorralados, demostrarán el valor de un Chu o de un Kuei.

---

4. Desarrolla tus campañas basándote en datos concretos y a cifras com-
probables, no según la rumorología, que puede estar manipulada por
tus competidores.

**29.** El táctico habilidoso puede ser comparado con la Shuai-Jan. Ahora bien, la Shuai-Jan es una serpiente que se encuentra en las montañas Ch'ang. Si le atacas la cabeza, serás atacado por su cola; si le golpeas la cola, serás atacado por su cabeza; si la golpeas en el centro, serás atacado por la cabeza y por la cola al mismo tiempo.

**30.** Si se me pregunta si se puede conseguir que un ejército imite a la Shuai-Jan yo diría que sí. Pues los hombres de Wu y los hombres de Yueh son enemigos; sin embargo, si se hallan cruzando un río en la misma embarcación y son sorprendidos por una tormenta, acudirán en auxilio del otro, del mismo modo que la mano izquierda ayuda a la derecha.

**31.** Por ello, no es suficiente depositar la propia confianza en llevar bien atados los caballos y en las ruedas del carro que se hunden en el terreno.

**32.** El principio para dirigir un ejército consiste en establecer un nivel de valor que todos deben alcanzar.

**33.** Cómo obtener lo mejor de ambos, el fuerte y el débil, ésa es la cuestión que implica el uso adecuado del terreno.

**34.** Así, el general habilidoso dirige su ejército como si estuviera dirigiendo a un solo hombre de la mano, de grado o por fuerza.

35. Lo que debe hacer un general es mostrarse sereno y asegurarse el secreto, ser recto y justo y mantener así el orden.

36. Tiene que ser capaz de desconcertar a sus oficiales y a sus hombres con falsos informes y apariencias, para mantenerlos así en la total ignorancia.

37. Al alterar sus disposiciones y cambiar sus planes, consigue que el enemigo no pueda obtener ningún conocimiento definitivo. Al cambiar su campamento de lugar y seguir rutas tortuosas, impide que el enemigo anticipe sus propósitos.

38. En el momento crítico, el líder de un ejército actúa como aquel que ha escalado una altura y luego le da una patada a la escalera que ha dejado atrás, alejándola. Conduce a sus hombres a lo más profundo del territorio hostil antes de dejar traslucir sus intenciones.

39. Quema sus naves y rompe las ollas; luego, como un pastor que conduce a su rebaño, dirige a sus hombres por aquí y por allá y nadie sabe a dónde va.

40. Dominar a sus huestes y ponerlas en peligro, ése se puede decir que es el trabajo del general.

41. Las diferentes medidas adecuadas para las nueve variedades de terreno, la oportunidad de las tácticas agresivas o defensivas y las leyes fundamentales de la naturaleza humana: ésas

son las cosas que más ciertamente tiene que estudiar.

42. Al invadir un territorio hostil, el principio general es que la penetración profunda trae consigo la cohesión; penetrar sólo un poco no hace sino producir dispersión.[5]

43. Al dejar atrás tu propio país y llevar a tu ejército a otro territorio vecino, te encuentras en un terreno crítico. Cuando hay medios de comunicación por los cuatro lados, el terreno es el de intersección de carreteras.

44. Al penetrar profundamente en un país, estás en terreno grave. Pero si sólo penetras un poco estás en terreno fácil.

45. Una vez que has dejado atrás los baluartes del enemigo y te encuentras delante con los pasos estrechos, estás en terreno encerrado. Cuando no hay lugar alguno en el que refugiarse, estás en terreno desesperado.

46. Por ello, el terreno disperso, inspiraría unidad de propósito entre mis hombres. En terreno fácil, me ocuparía de que hubiese una estrecha conexión entre todas las partes de mi ejército.

47. En terreno contencioso, apresuraría la marcha de mi retaguardia.

---

5. Penetrar en un nuevo mercado (un territorio hostil) debe hacerse de un modo firme y decidido so pena de gastar energía y dinero en vano (dispersión).

**48.** En terreno abierto, mantendría una mirada alerta sobre mis defensas. En terreno de intersección de carreteras, consolidaría mis alianzas.

**49.** En terreno grave, trataría de asegurar una corriente continua de suministros. En terreno difícil, seguiría presionando para continuar adelante.

**50.** En terreno encerrado, bloquearía todo camino de retirada. En terreno desesperado, proclamaría ante mis soldados la imposibilidad de salvar sus vidas.

**51.** Pues pertenece a la disposición del soldado el ofrecer una resistencia obstinada cuando se halla rodeado, luchar duramente cuando no tiene otro remedio y obedecer con prontitud cuando se encuentra en una situación de peligro.

**52.** No podemos establecer una alianza con los príncipes vecinos mientras no conozcamos sus designios. No estamos preparados para dirigir un ejército en marcha a menos que estemos familiarizados con el rostro del país, con sus montañas y bosques, sus peligros y precipicios, sus pantanos y marismas. No seremos capaces de aprovechar las ventajas naturales a menos que utilicemos a los guías locales.

**53.** Ignorar cualquiera de los siguientes cuatro o cinco principios no beneficia a un príncipe guerrero.

54. Cuando un príncipe guerrero ataca a un Estado poderoso, su capacidad como general se demuestra impidiendo la concentración de las fuerzas enemigas. Impone respeto a sus contrincantes e impide a sus aliados unirse contra él.

55. Por ello, no se esfuerza por aliarse con todos y cada uno de ellos, como tampoco fomenta el poder de otros Estados. Lleva a cabo sus propios y secretos designios, imponiendo respeto a sus antagonistas. De ese modo, puede apoderarse de sus ciudades y derribar sus reinos.

56. Concede recompensas sin considerar las reglas, emite órdenes sin tener en cuenta las disposiciones previas y podrás manejar un ejército entero como si sólo tuvieras que vértelas con un hombre.

57. Pon a tus soldados ante los hechos consumados y nunca permitas que conozcan tus designios. Cuando las perspectivas sean brillantes, preséntaselas así, pero no les digas nada cuando la situación sea sombría.

58. Sitúa a tu ejército en peligro mortal y sobrevivirá, lánzalo a situaciones desesperadas y saldrá de ellas con seguridad.

59. Pues es precisamente cuando una fuerza ha caído en la desgracia cuando es capaz de propinar un golpe decisivo para la victoria.

60. El éxito en la guerra se obtiene acomodándonos cuidadosamente a los propósitos del enemigo.

**61.** Al mantenernos persistentemente pegados al flanco del enemigo alcanzaremos éxito a la larga en acabar con la vida de su comandante en jefe.

**62.** A eso se le llama la habilidad de conseguir algo por pura astucia.

**63.** El día en que te hagas cargo del mando, bloquea los pasos de la frontera, destruye las cuentas oficiales e impide el paso de toda clase de emisarios.

**64.** Mantén una actitud severa en la cámara del consejo, de modo que puedas controlar la situación.

**65.** Si el enemigo dejara una puerta abierta, tienes que precipitarte por ella.[6]

**66.** Anticípate a tu contrincante apoderándote de aquello que le sea más querido y procura hacerlo cuando él llegue al terreno.

**67.** Sigue el camino definido por la regla y acomódate al enemigo hasta que puedas librar una batalla decisiva contra él.

---

6. Hay que aprovechar las oportunidades y los vacíos que dejan nuestros competidores.

**68**. Al principio, pues, demuestra la timidez y coquetería de una doncella, hasta que el enemigo te ofrezca una apertura; después, imita la rapidez de la liebre que corre y el enemigo ya no dispondrá de tiempo para oponerse.

# XII. El ataque con fuego

1. Sun-Tzu dijo: hay cinco formas de atacar con fuego. La primera es quemar a los soldados en su campamento, la segunda consiste en incendiar sus avituallamientos, la tercera en incendiar su impedimenta, la cuarta quemar los arsenales y almacenes y la quinta precipitarse entre el enemigo arrojándole fuego.

2. Para llevar a cabo un ataque, tenemos que disponer de los medios. Siempre hay que tener preparado el material para provocar incendios.

3. Hay una estación adecuada para lanzar ataques con fuego y días especiales para iniciar una conflagración.

4. La estación más adecuada es cuando el tiempo está muy seco; los días especiales son aquéllos en que la Luna esté en las constelaciones de la Criba, la Muralla, el Ala y el Travesaño, pues estos cuatro son días en que se levanta el viento.

5. Al atacar con fuego, uno debe estar preparado para afrontar cinco posibles evoluciones:

   ❖ Cuando el fuego estalle en el interior del campamento enemigo, responde de inmediato con un ataque desde el exterior.

❖ Si se produce un estallido de fuego, pero los soldados del enemigo permanecen tranquilos, tómate
tu tiempo y no ataques.

❖ Cuando la fuerza de las llamas haya alcanzado su
mayor altura, síguelas con un ataque, si eso fuese
practicable; en caso contrario, quédate donde
estás.

❖ Si es posible efectuar un asalto con fuego desde
fuera no esperes a que estalle dentro, y lanza el
ataque en un momento favorable.

❖ Cuando inicies un incendio, sitúate a barlovento.
No ataques desde sotavento.

6. Un viento que se levanta durante el día dura
siempre un tiempo determinado, pero la brisa
de la noche pronto decae.

7. En todo ejército se tienen que conocer las cinco
evoluciones relacionadas con el fuego, calcular
los movimientos de las estrellas y vigilar para
cuando lleguen los días adecuados.

8. De ahí que quienes utilizan el fuego como una
ayuda para el ataque demuestran inteligencia,
mientras que aquellos que utilizan el agua
como una ayuda para el ataque obtienen un
aumento de fortaleza.

9. Por medio del agua se puede interceptar a un
enemigo, pero no privarlo de sus pertenencias.

10. Desgraciado es el destino de aquel que intenta
ganar sus batallas y alcanzar éxito en sus ataques sin cultivar antes el espíritu emprende-

dor, pues el resultado es siempre una pérdida de tiempo y un estancamiento general.[1]

12. De ahí el dicho: el gobernante ilustrado traza sus planes con mucha antelación; el buen general cultiva sus recursos.

13. No te muevas hasta que veas una ventaja; no utilices tus tropas a menos que puedas ganar algo; no luches a menos que la posición sea crítica.

14. Ningún gobernante debería enviar tropas al campo simplemente para descargar su bilis; ningún general debería librar una batalla simplemente motivado por el rencor.

15. Si con ello vas a sacar ventaja, avanza; en caso contrario, quédate donde estás.

16. Con el tiempo, la cólera puede cambiar a la alegría; la vejación puede verse seguida por la satisfacción.

17. Pero un reino que ha sido destruido una vez, ya no puede volver a ponerse en pie, del mismo modo que tampoco se puede resucitar a los muertos.

---

1. ¡Ay de aquel que crea que puede escalar puestos dentro de la compañía sin mejorarse a sí mismo constantemente!, y ¡ay de aquella compañía que cree que puede permanecer indefinidamente en el mercado e ir ganando terreno si mejorar su imagen, sus productos y sus métodos de trabajo!

18. De ahí que el gobernante ilustrado preste mucha atención y que el buen general sea muy prudente. Ésta es la forma de mantener un país en paz y un ejército intacto.

# XIII. La utilización de espías

1. Sun-Tzu dijo: armar unas huestes de cien mil hombres y hacerlos marchar grandes distancias implica sufrir graves pérdidas en cuanto a número de personas y un agotamiento de los recursos del Estado. El gasto diario ascenderá a mil onzas de plata. Habrá conmoción, en el propio país y fuera de él y los hombres caerán agotados en los caminos. Hasta setecientas mil familias verán dificultados su trabajo.

2. Los ejércitos hostiles pueden enfrentarse entre sí durante años, esforzándose por alcanzar una victoria que se logra en un solo día. Siendo esto así, mantenerse en la ignorancia del estado en que se encuentra el enemigo, simplemente porque no se está dispuesto a gastar unos cientos de onzas de plata en honores y emolumentos, es el mayor acto de inhumanidad que se puede cometer.

3. Quien así actúa no es un líder de hombres, no supone ninguna ayuda presente para su soberano, no es ningún maestro de la victoria.

4. Así, lo que permite al sabio soberano y al buen general atacar y conquistar y conseguir cosas que están fuera del alcance de los hombres ordinarios es el conocimiento previo.

**5.** Ahora bien, ese conocimiento previo no puede obtenerse de los espíritus, no se puede deducir inductivamente de la experiencia ni mediante ningún otro cálculo deductivo.

**6.** El conocimiento de las disposiciones del enemigo sólo se puede obtener de otros hombres.

**7.** De ahí la utilización de espías,[1] de las que hay cinco clases:

- ❖ Espías locales
- ❖ Espías interiores
- ❖ Espías convertidos
- ❖ Espías condenados
- ❖ Espías supervivientes

**8.** Cuando estas cinco clases de espías trabajan todos al mismo tiempo, ninguno de ellos puede descubrir el sistema secreto. A esto se le llama «la manipulación divina de los hilos» y es la más preciosa facultad del soberano.

**9.** Tener espías locales significa emplear los servicios de los habitantes de un distrito.

**10.** Tener espías interiores implica utilizar los servicios de funcionarios del enemigo.

---

1. No hay que entender «espías» al pie de la letra, y los consejos de Sun-Tzu pueden aplicarse perfectamente a un estudio de mercado o a una prospección. Cualquier forma de investigación que nos permita averiguar los planes y las innovaciones de la competencia puede denominarse «espionaje».

11. Tener espías convertidos implica apoderarse de los espías del enemigo y utilizarlos para nuestros propios propósitos.[2]

12. Tener espías condenados supone realizar ciertas cosas abiertamente, con propósitos de engaño y permitir que nuestros espías los conozcan y los delaten al enemigo.

13. Finalmente, los espías supervivientes son aquellos que traen noticias del campamento enemigo.

14. De ahí que con ninguno de todo el ejército han de mantenerse relaciones más estrechas que con los espías. A nadie se le debe recompensar más liberalmente. En ningún otro asunto se debe preservar más el secreto que en éste.

15. A los espías no se les puede emplear con utilidad sin una cierta sagacidad intuitiva.[3]

16. No se les puede dirigir adecuadamente sin benevolencia y franqueza.

17. No puede uno estar seguro de la certeza de sus informes sin emplear un sutil ingenio mental.

18. ¡Sed sutiles! ¡Sed sutiles! Y utilizad a vuestros espías para toda clase de asuntos.

---

2. Una forma de espionaje consiste precisamente en fichar a los ejecutivos de la competencia y aprovecharnos así de su *know how*.

3. A la hora de intentar averiguar por dónde van a innovar nuestros competidores o qué pasos van a dar es imprescindible, aparte del sentido común y la información fidedigna, un poco de intuición. Ésta se desarrolla en los ejecutivos mediante el trabajo con el hemisferio derecho del cerebro.

19. Si una noticia secreta es divulgada por un espía antes de que haya llegado el momento propicio, se le debe condenar a muerte, junto con el hombre al que se le contó el secreto.

20. Tanto si el propósito consiste en aplastar a un ejército como asaltar una ciudad o asesinar a un individuo, siempre será necesario empezar por descubrir los nombres de los asistentes, de los ayudantes de campo y de los guardianes y centinelas del general al mando. A nuestros espías se les tiene que encargar que consigan esta información.

21. Los espías del enemigo, que han venido para espiarnos, tienen que ser buscados, tentados con sobornos, alejados y cómodamente instalados. Se transformarán así en espías convertidos, y estarán disponibles a nuestro servicio.

22. Gracias a la información aportada por un espía convertido, podremos adquirir y emplear a espías locales e interiores.

23. Y, una vez más, gracias a esta información, podemos hacer que el espía condenado transmita noticias falsas al enemigo.

24. Finalmente, gracias a esta información se podrá utilizar al espía superviviente en ocasiones señaladas.

25. El fin y el objetivo del espionaje en sus cinco variedades es el recabar conocimiento del enemigo y ese conocimiento sólo se puede obtener,

en el primer caso, del espía convertido. De ahí que sea esencial tratar al espía convertido con la mayor liberalidad.

26. De los antiguos, el surgimiento de la dinastía Yin fue debido a I Chih, que había servido bajo los Hsia. Del mismo modo, el surgimiento de la dinastía Chou se debió a Lu Ya, que había servido bajo los Yin.

27. De ahí que sean sólo el gobernante ilustrado y el general sabio los que estén dispuestos a utilizar la más alta inteligencia del ejército para propósitos de espionaje y conseguir con ello los mayores resultados. Los espías son un elemento de lo más importante en el agua, porque de ellos depende la habilidad de un ejército para moverse.

# Índice